◎名家典範 ◎體系完備 ◎整理修訂 ◎查檢便捷

篆刻小叢書

封泥存真

馬 衡 編著

浙江人民美術出版社

圖書在版編目（CIP）數據

封泥存真 / 馬衡編著. -- 杭州：浙江人民美術出版社，2022.7
（篆刻小叢書）
ISBN 978-7-5340-9594-8

Ⅰ．①封… Ⅱ．①馬… Ⅲ．①封泥－中國－古代－圖録 Ⅳ．① K877.62

中國版本圖書館 CIP 數據核字（2022）第 096860 號

篆刻小叢書

封泥存真

馬　衡　編著

責任編輯　霍西勝
責任校對　黄　静
封面設計　吕逸爾　楊　晶
責任印製　陳柏榮

出版發行　浙江人民美術出版社
經　　銷　全國各地新華書店
製　　版　浙江時代出版服務有限公司
印　　刷　浙江海虹彩色印務有限公司
開　　本　889mm×1194mm　1/32
印　　張　3.5
字　　數　78 千字
版　　次　2022 年 7 月第 1 版
印　　次　2022 年 7 月第 1 次印刷
書　　號　ISBN 978-7-5340-9594-8
定　　價　35.00 圓

如有印裝質量問題，影響閱讀，請與出版社營銷部（0571-85174821）聯系調換。

出版說明

馬衡（1881—1956），字叔平，號無咎，浙江鄞縣（今屬寧波）人。1901年畢業于南洋公學。曾任北京大學國學門考古學研究室主任、北京大學圖書館館長、故宮博物院院長以及西泠印社社長等職。能詩擅書，著述甚富，尤以金石考古研究著稱。其治學繼承了清代乾嘉學派的考據傳統，又注重文物發掘的現場考察，被譽爲中國近代考古學的先驅者和奠基人之一。

《封泥存真》一書原係"國立北京大學研究院文史叢刊第二種"，于民國二十三年（1934）由商務印書館刊行。該書編輯者雖署爲"國立北京大學研究院文史部"，然據馬衡《談刻印》中所言，當係由其編定，所謂"余亦曾就北京大學所藏，編爲《封泥存真》"。全書共收錄封泥一百七十七枚，每一枚封泥均在拓片後附正面、反面照片。據書前馬氏序言，這些封泥均是山東濰縣（今屬濰坊）郭裕之的舊藏，而且大部分是臨淄地區所出土。

《封泥存真》雖所收封泥數量有限，但在當時和後世的影響頗爲廣泛。例如沙孟海曾在《印學史》中給予了《封泥存真》充分肯定，認爲其"影印封泥墨拓之外，又影印封泥背面繩痕照片，是後出較好的一部封泥著錄書"。

約略言之,該書有以下方面價值:

一,對所收封泥進行了分類、釋讀以及考辨,增加了其學術含量。從原書目錄來看,編者對所收一百七十餘枚封泥進行了包括"諸侯王屬官印""列侯屬官印""郡縣官印"等類目的系統梳理。同時,編者還對封泥進行了釋讀,并以小注形式標明了這些封泥官職所屬。另外,從目錄後的文字中,我們可以看到,編者對所收封泥與《封泥考略》《齊魯封泥集存》進行了細緻比對,考辨出了上述著作的部分錯訛。

二,在書中刊布封泥拓片的同時附錄封泥實物照片,在封泥

長沙馬王堆出土封泥遺存

"廣侯邑丞"封泥實物及拓片對比

著録文獻中具有開創性。這一點是最爲後世學者所推崇的：一方面，方便了讀者瞭解封泥的形制及用法，所謂"爰拓其印文，并影寫其實狀，編次而印行之，名曰《封泥存真》，俾讀者由此以求鉩印之用法，并考見簡牘之形制焉"（馬衡《封泥存真序》）。另一方面，對于還原秦漢時期真實的篆刻藝術也頗有助益。由于拓片在反映封泥原印方面本身存在缺陷，即用來鈐蓋泥土的印章原本印面鑿刻極爲平整，按壓于泥上之後難免出現扭曲殘損等情况；更爲重要的是，拓片所摹拓爲封泥凸起部分，對應在原來印章的部分是筆畫的底部，而非印面字口部位，由此便使拓片所呈現的封泥筆畫多忸怩羸弱之態，與同時期平實樸茂的印風相去甚遠，成了名副其實的"影子的影子"了。正因爲如此，這種采用拓片與實物照片相配合的編排，便成爲後來刊布封泥著作的經典模式。

　　有鑒于此，我們將《封泥存真》收入"篆刻小叢書"系列中，重新整理出版。在編輯過程中，我們做了如下變動：將原書目錄轉化作表格形式，修改了部分明顯訛誤，并于其後增加了在書中的對應頁碼，仍置于書前；同時，將原書目錄中的釋文分别標于每一枚封泥右上角。上述修改，希望能對翻檢和使用有所幫助。

浙江人民美術出版社

2022 年 5 月

目　錄

序 / 1

原書目錄 / 3

封泥存真 / 11

序

封泥之名，始見于《續漢書·百官志》，掌于少府官屬之守宮令。蓋古用簡牘，封以璽印，非泥不可。後世易之以紙帛，泥不適用，乃改用朱印。相沿既久，幾不知朱印之前，尚有封泥之事。《後漢書·隗囂傳》，王元說囂，請以一丸泥東封函谷關。自來注家多不爲之注釋，讀者亦祇知爲易之之詞，遂亦不求甚解。蓋一丸泥者，封書之具，元意封函谷易如封書，故以一丸泥相擬耳。此殆漢時慣用語，而今轉晦也。清道光初，此物始稍稍出土。吴式芬、陳介祺著《封泥考略》，乃以之介紹于世。然僅考其印文，未及其封書之制也。光緒末，木簡出于西陲，王靜安據以著《簡牘檢署考》，而後古簡牘之制、檢署之法始得大明。依王氏之說，牘之上必施檢以禁閉之，而後緘之以繩，封之以泥，抑之以印，復于其檢上署所予之人，其事始畢。凡檢之平者，泥附于檢上。檢之剡上者，則刻印齒以容泥。其不止一札者，則爲囊以盛之，泥與繩皆封緘于囊外。今驗之于封泥，其說殆無一不合。凡封檢之泥，底平而有縱行之木理。封囊者，其底多凹入而無木理。緘檢之繩細而圓，緘囊之繩寬而扁。封于有印齒之檢者，其形正方，厚薄若一，繩紋三匝，各不相紊。封于平檢及囊外者，其形略圓，高下傾邪不一，繩紋亦無定例。亦有上下兩端之泥墳起，而其上往往有指紋者，是蓋鈐印時闌之以兩指耳。此皆可由目驗得之者也。前人著錄封泥之書，如《封泥考略》（吳式芬、陳介祺），《齊魯封泥集存》（王國維、羅振玉），《續》及《再續封泥考略》（周明泰），除樞拓及考證其印文外，不言其形制，似不免猶有遺憾。本所藏有封泥百七十七枚，爲濰縣郭氏舊藏，大半出于臨淄。其中十之八九爲封于囊外者。其封檢者，僅十之一二，且皆爲平檢。爰拓其印文，并影寫其實狀，編次而印行之，名曰《封泥存真》，俾讀者由此以求璽印之用法，并考見簡牘之形制焉。廿年十有二月，馬衡識于北京大學研究所國學門。

原書目錄

序號	封泥釋文	小字注文	頁碼
1	齊內史印		13
2	齊大祝印	奉常屬	13
3	齊祠□□	奉常屬	14
4	齊悼惠寢	奉常屬	14
5	齊哀寢印	奉常屬	15
6	齊郎中丞	郎中屬	15
7	齊郎中丞	郎中屬	16
8	齊中廄丞	大僕屬	16
9	齊內官丞	宗正屬	17
10	齊大倉印	治粟內史屬	17
11	齊御府印	少府屬	18
12	齊宦者丞	少府屬	18
13	齊武庫丞	中尉屬	19
14	齊食官丞	長秋屬	19
15	齊都水印	水衡都尉并屬內史	20
16	齊鐵官印	內史屬	20
17	齊鐵官印	內史屬	21
18	齊司宮丞		21
19	齊司宮丞		22

序號	封泥釋文	小字注文	頁碼
20	齊司宮丞		22
21	齊衛□印		23
	以上諸侯王屬官印。		
22	南宮侯相	信都國	23
23	博陽邑丞	汝南郡	24
24	定陵邑印	汝南郡	24
25	廣侯邑丞	齊郡	27
26	都昌邑丞	北海郡	27
27	辟陽邑丞	信都國	28
28	臨袁邑丞		28
29	阜陵邑印		25
30	臺陵邑印		25
31	和邑丞印		26
	以上列侯屬官印。		
32	臨菑侯印		26
33	長安丞印	京兆	29
34	雒陽丞印	河南郡	29
35	重平丞印	勃海郡	30
36	千乘丞印	千乘郡	30
37	博昌丞印	千乘郡	31
38	樂安丞印	千乘郡	31
39	東平陵丞	濟南郡	32
40	東平陵丞	濟南郡	32
41	東平陵丞	濟南郡	33
42	梁鄒丞印	濟南郡	33
43	於陵丞印	濟南郡	34

序號	封泥釋文	小字注文	頁碼
44	般陽丞印	濟南郡	34
45	磨城丞印	濟南郡	35
46	來無丞印	泰山郡	35
47	來無丞印	泰山郡	36
48	臨菑丞印	齊郡	36
49	臨菑丞印	齊郡	37
50	臨菑丞印	齊郡	37
51	臨菑丞印	齊郡	38
52	臨菑丞印	齊郡	38
53	西安丞印	齊郡	39
54	西安丞印	齊郡	39
55	西安丞印	齊郡	40
56	臨朐丞印	齊郡又東萊郡	40
57	臨朐丞印	齊郡又東萊郡	41
58	益丞	北海郡	41
59	平壽丞印	北海郡	42
60	黃丞	東萊郡	42
61	東武丞印	琅邪郡	43
62	朱虛丞印	琅邪郡	43
63	女祈丞印	上谷郡	44
64	邯鄲丞印	趙國	44
65	南宮丞印	信都國	45
66	東安平丞	菑川國	45
67	東安平丞	菑川國	46
68	東安平丞	菑川國	46
69	東安平丞	菑川國	47

序號	封泥釋文	小字注文	頁碼
70	東安平丞	菑川國	47
71	東安平丞	菑川國	48
72	東安平丞	菑川國	48
73	東安平丞	菑川國	49
74	東安平丞	菑川國	49
75	下密丞印	膠東國	50
76	高密丞印	高密國	50
77	騶丞之印	魯國	51
78	騶丞之印	魯國	51
79	騶丞之印	魯國	52
80	騶丞之印	魯國	52
81	杜丞之印		53
82	臨菑市丞	齊郡	53
83	西安平丞	齊郡	54
84	南宮平丞	信都國	54
85	嚴道橘園	蜀郡	55
86	臨菑左尉	齊郡	55
87	臨菑左尉	齊郡	56
88	騶之左尉	魯國	56
89	騶之左尉	魯國	57
90	騶之左尉	魯國	57
91	騶之左尉	魯國	58
92	騶之右尉	魯國	58
93	騶之右尉	魯國	59
94	騶之右尉	魯國	59
95	騶之右尉	魯國	60

序號	封泥釋文	小字注文	頁碼
96	騶之右尉	魯國	60
97	來無	泰山郡	61
98	新息鄉印		61
99	安平鄉印		62
100	安平鄉印		62
101	安平鄉印		63
102	安平鄉印		63
103	安平鄉印		64
104	安平鄉印		64
105	西鄉之印		65
106	西鄉之印		65
107	西鄉之印		66
108	南成鄉印		66
109	南成鄉印		67
110	廣陵鄉印		67
111	白水鄉印		68
112	白水鄉印		68
113	安國鄉印		69
114	信安鄉印		69
115	利居鄉印		70
116	東間鄉印		70
117	勳里鄉印		71
118	郁狼鄉印		71
119	郁狼鄉印		72
120	郁狼鄉印		72
121	尚父鄉印		73

序號	封泥釋文	小字注文	頁碼
122	句莫鄉印		73
123	句莫鄉印		74
124	南陽鄉印		74
125	南陽鄉印		75
126	南陽鄉印		75
127	休鄉之印		76
128	郜鄉之印		76
129	郜鄉之印		77
130	上東陽鄉		77
131	上東陽鄉		78
132	安鄉之印		78
133	西平鄉印		79
134	西平鄉印		79
135	纍丘鄉印		80
136	益利鄉印		80
137	臧和鄉印		81
138	訽鄉之印		81
139	東鄉		82
140	西鄉		82
141	南鄉		83
142	北鄉		83
143	中鄉		84
144	正鄉		84
145	左鄉		85
146	右鄉		85
147	右鄉		86

序號	封泥釋文	小字注文	頁碼
148	廣鄉		86
149	建鄉		87
150	安鄉		87
151	呂鄉		88
152	昌鄉		88
153	成鄉		89
154	端鄉		89
155	臺鄉		90
156	定鄉		90
157	祈鄉		91
158	祈鄉		91
159	武鄉		92
160	昭鄉		92
161	猶鄉		93
162	畫鄉		93
163	路鄉		94
164	司空之印		94
165	司空之印		95
166	司空之印		95
167	司空		96
168	司空		96
169	校長		97
170	橘監		97
171	發弩		98
172	左市		98
173	右市		99

序號	封泥釋文	小字注文	頁碼
174	祠官		99
175	傳舍		100
176	倉印		100
177	廄印		101
以上郡縣官印。			

右封泥百七十七，除同文者五十五，計得百二十二。同見于《封泥考略》與《齊魯封泥集存》者六，祇見于《考略》者二，見于《集存》者百零二，兩書所未見者十二。《考略》有"杜丞"二字封泥，吳氏疑爲杜陵之監丞。此集有"杜丞之印"四字封泥，足證吳說之失。"句莫鄉印"，《集存》作"郇"；"鄑鄉之印"，《集存》作"昧"，皆誤釋，須釐正者也。

封泥存真

齊大祝印（奉常屬）

齊内史印

齊悼惠寢（奉常屬）

齊祠□□（奉常屬）

齊郎中丞（郎中屬）

齊哀寢印（奉常屬）

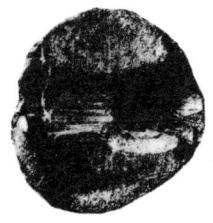

齊中㢑丞（大僕屬）　齊郎中丞（郎中屬）

齊大倉印（治粟內史屬）

齊內官丞（宗正屬）

齊宦者丞（少府屬）

齊御府印（少府屬）

齊食官丞（長秋屬）

齊武庫丞（中尉屬）

齊鐵官印（內史屬）

齊都水印（水衡都尉并屬內史）

齊司宮丞

齊鐵官印（內史屬）

齊司宮丞

齊司宮丞

南宮侯相（信都國）

齊衛□印

定陵邑印（汝南郡）

博陽邑丞（汝南郡）

臺陵邑印

阜陵邑印

臨菑侯印

和邑丞印

都昌邑丞（北海郡）

廣侯邑丞（齊郡）

臨袁邑丞

辟陽邑丞（信都國）

雒陽丞印（河南郡）

長安丞印（京兆）

千乘丞印（千乘郡）

重平丞印（勃海郡）

樂安丞印（千乘郡）

博昌丞印（千乘郡）

東平陵丞（濟南郡）

東平陵丞（濟南郡）

梁鄒丞印（濟南郡）

東平陵丞（濟南郡）

般陽丞印（濟南郡）

於陵丞印（濟南郡）

束無丞印（泰山郡）　　鹽城丞印（濟南郡）

臨菑丞印（齊郡）

柬無丞印（泰山郡）

臨菑丞印（齊郡）

臨菑丞印（齊郡）

38　封泥存真

臨菑丞印（齊郡）

臨菑丞印（齊郡）

西安丞印（齊郡）

西安丞印（齊郡）

西安丞印（齊郡）

臨朐丞印（齊郡又東萊郡）

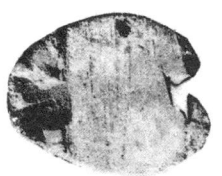

益丞（北海郡）

臨朐丞印（齊郡又東萊郡）

黃丞（東萊郡）

平壽丞印（北海郡）

朱虛丞印（琅邪郡）

東武丞印（琅邪郡）

女祈丞印（上谷郡）　　邯鄲丞印（趙國）

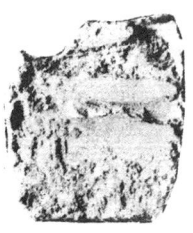

封泥存真 45

東安平丞（菑川國）

南宮丞印（信都國）

東安平丞（菑川國）

東安平丞（菑川國）

東安平丞（菑川國）

東安平丞（菑川國）

東安平丞（菑川國）

東安平丞（菑川國）

東安平丞（菑川國）

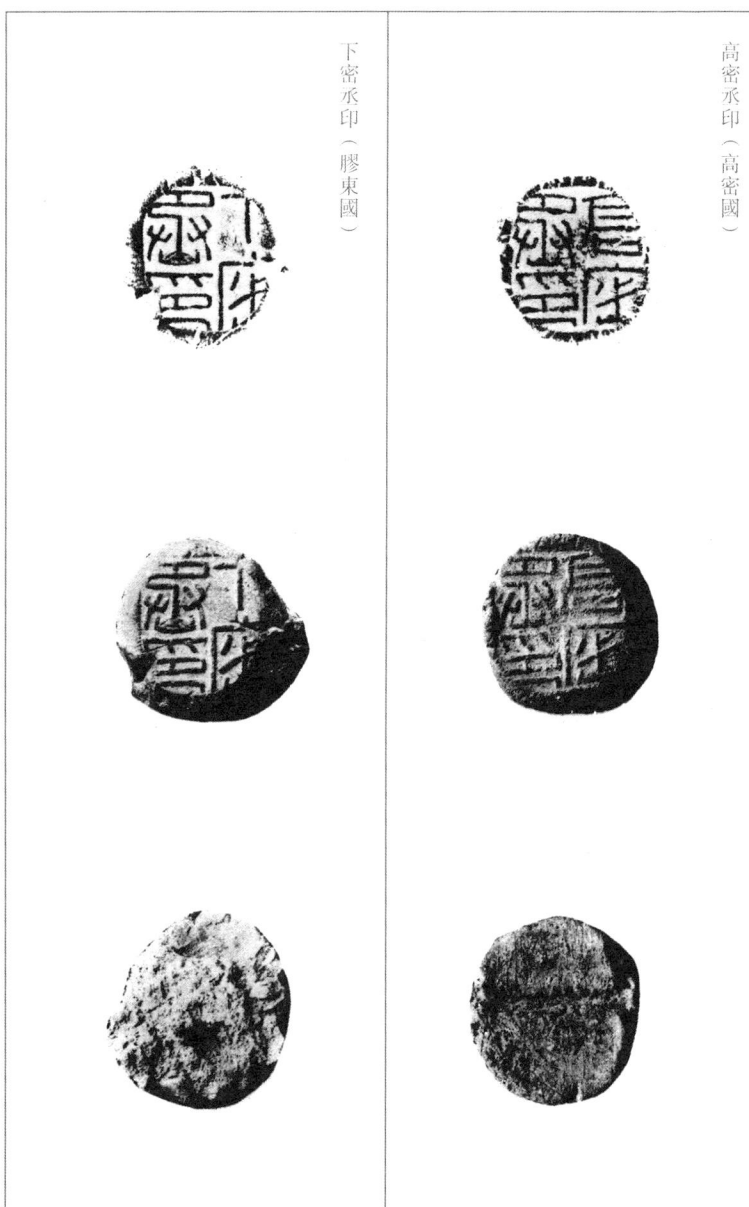

高密丞印（高密國）

下密丞印（膠東國）

騶丞之印（魯國）

騶丞之印（魯國）

騶丞之印（魯國）　　騶丞之印（魯國）

臨菑市丞（齊郡）　　杜丞之印

南宮平丞（信都國）

西安平丞（齊郡）

臨菑左尉（齊郡）

嚴道橘園（蜀郡）

騶之左尉（魯國）

臨菑左尉（齊郡）

騶之左尉（魯國）　　騶之左尉（魯國）

騶之左尉（魯國）

騶之右尉（魯國）

騶之右尉（魯國）

騶之右尉（魯國）

騶之右尉（魯國）

騶之右尉（魯國）

來無（泰山郡）

新息鄉印

安平鄉印

安平鄉印

封泥存真　63

安平鄉印

安平鄉印

西鄉之印

西鄉之印

66　封泥存真

南成鄉印

西鄉之印

廣陵鄉印　　　南成鄉印

68　封泥存真

白水鄉印

白水鄉印

封泥存真　69

信安鄉印　　　　　安國鄉印

 東閭鄉印

 利居鄉印

封泥存真　71

郁狼鄉印

勮里鄉印

郁狼鄉印

郁狼鄉印

句莫鄉印

尚父鄉印

句莫鄉印

南陽鄉印

封泥存真　75

南陽鄉印

南陽鄉印

76　封泥存真

休鄉之印

䣕鄉之印

封泥存真　77

都鄉之印

上東陽鄉

上東陽鄉　　安鄉之印

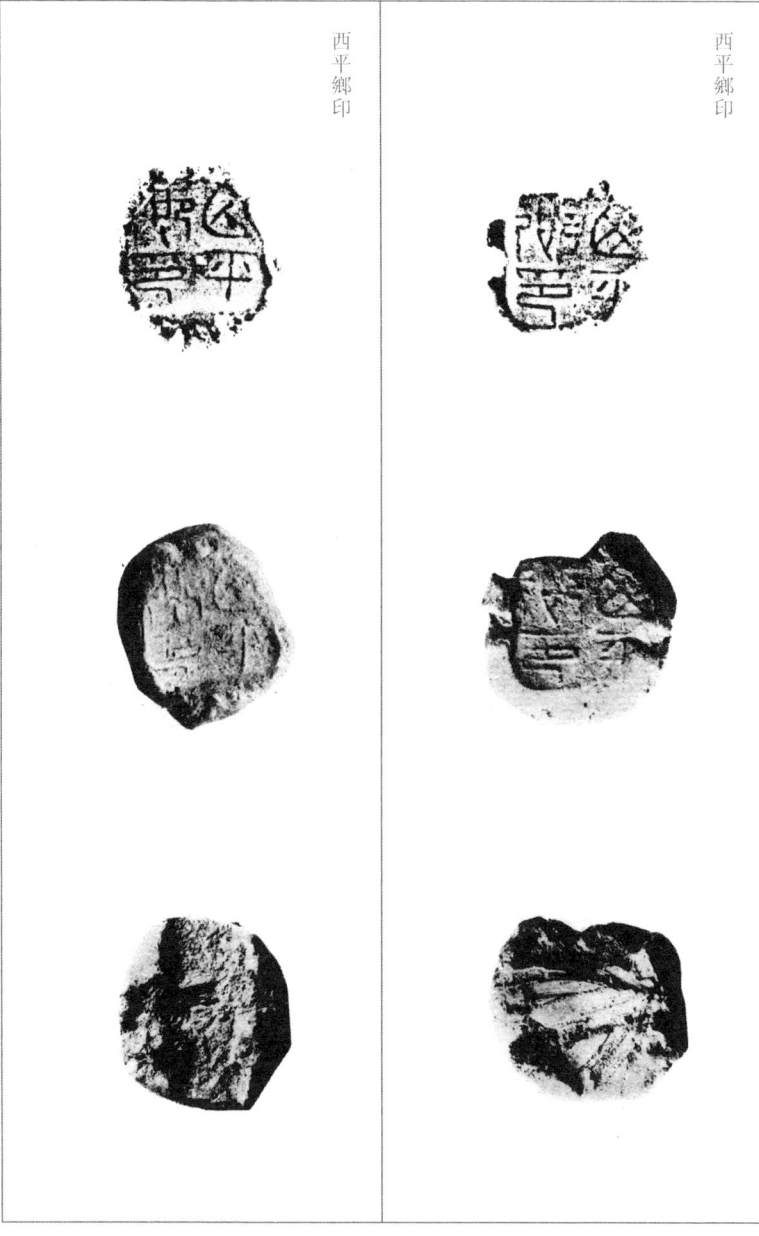

西平鄉印

西平鄉印

益利鄉印

綮丘鄉印

訽鄉之印　　臧和鄉印

82　封泥存真

東鄉

西鄉

封泥存真　83

北鄉

南鄉

正鄉

中鄉

封泥存真　85

左郷　　　　　　　　　　　　右郷

右鄉　　　　　　廣鄉

封泥存真　87

安鄉

建鄉

昌鄉

呂鄉

端鄉

成鄉

臺鄉

定鄉

祈鄉

祈鄉

武鄉

昭鄉

封泥存真 93

畫鄉

猶鄉

路鄉　　　　　　司空之印

封泥存真　95

司空之印

司空之印

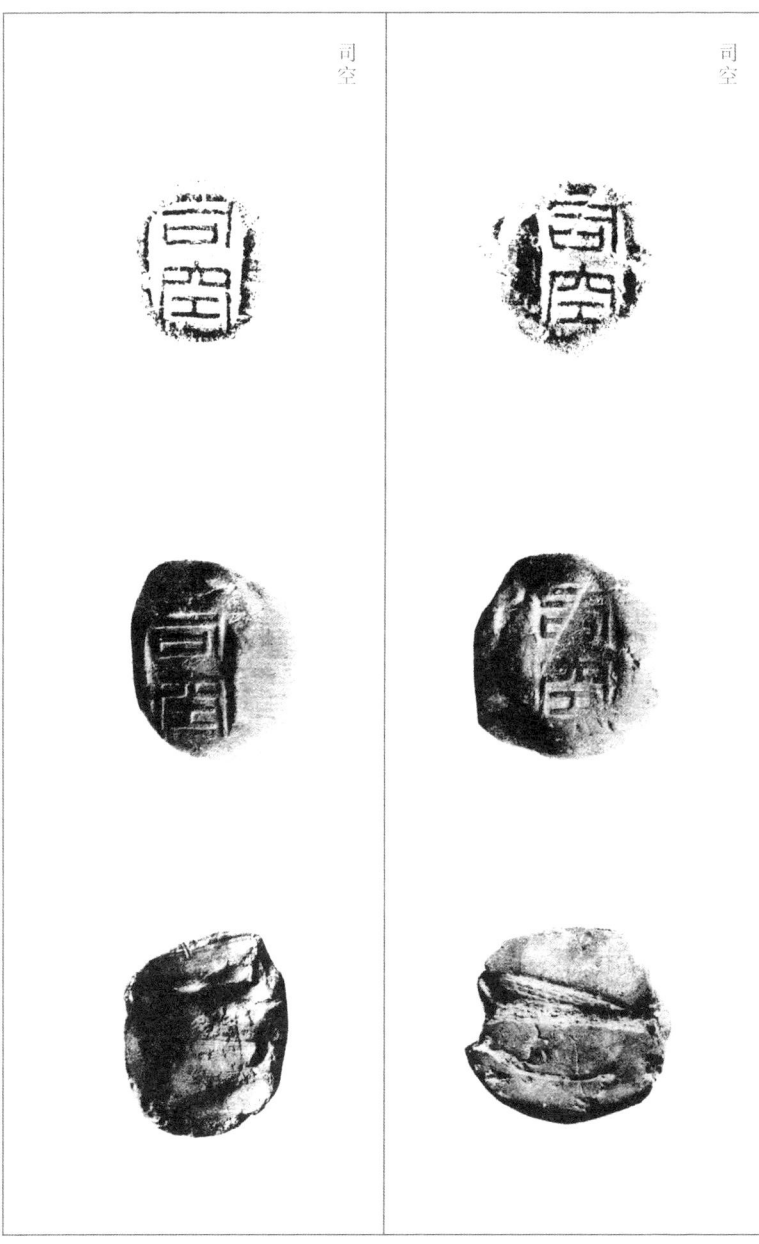

司空

司空

封泥存真　97

橘監　　　校長

98　封泥存真

左市

發弩

祠官　　　　　　　　　右市

傳舍　　倉印

厩印